When I Am Gloomy
Kada sam neraspoložena

Sam Sagolski
Illustrated by Daria Smyslova

www.kidkiddos.com
Copyright ©2025 by KidKiddos Books Ltd.
support@kidkiddos.com

All rights reserved. No part of this book may be reproduced in any form or by any electronic or mechanical means, including information storage and retrieval systems, without written permission from the publisher, except in the case of a reviewer, who may quote brief passages embodied in critical articles or in a review.
First edition, 2025

Translated from English by Anica Arsenovic Cupic
Prevod sa engleskog Anica Arsenović Ćupić

Library and Archives Canada Cataloguing in Publication
When I Am Gloomy (English Serbian Bilingual edition - Latin Alphabet)/Shelley Admont
ISBN: 978-1-0497-0689-4 paperback
ISBN: 978-1-0497-0693-1 hardcover
ISBN: 978-1-0497-0694-8 eBook

Please note that the English and Serbian versions of the story have been written to be as close as possible. However, in some cases they differ in order to accommodate nuances and fluidity of each language.

One cloudy morning, I woke up feeling gloomy.
Jednog oblačnog jutra probudila sam se neraspoložena.

I got out of bed, wrapped myself in my favorite blanket, and walked into the living room.
Ustala sam iz kreveta, umotala se u svoje omiljeno ćebence i otišla u dnevnu sobu.

"Mommy!" I called. "I'm in a bad mood."
„Mamice!", povikala sam. „Loše sam raspoložena."

Mom looked up from her book. "Bad? Why do you say that, darling?" she asked.
Mama je podigla pogled sa knjige. „Loše? Zašto to kažeš, dušo?", pitala je.

"Look at my face!" I said, pointing to my furrowed brows. Mom smiled gently.
„Pogledaj moje lice!", rekla sam, pokazujući na svoje namrštene obrve. Mama se nežno nasmešila.

"I don't have a happy face today," I mumbled. "Do you still love me when I'm gloomy?"
„Danas ne izgledam srećno", promrmljala sam. „Voliš li me i kad sam neraspoložena?"

"Of course I do," Mom said. "When you're gloomy, I want to be close to you, give you a big hug, and cheer you up."

„Naravno da te volim", rekla je mama. „Kad si neraspoložena, želim da budem tu za tebe, da te čvrsto zagrlim i razveselim."

That made me feel a little better, but only for a second, because then I started thinking about all my other moods.

Osetila sam se malo bolje, ali samo na trenutak, jer sam tada počela da razmišljam o svim svojim drugim osećanjima.

"So... do you still love me when I'm angry?"
„Pa... voliš li me i kad sam ljuta?"

Mom smiled again. "Of course I do!"
Mama se ponovo nasmešila. „Naravno da te volim!"

"Are you sure?"
I asked, crossing my arms.
„Jesi li sigurna?", pitala sam prekrštajući ruke.

"Even when you're mad, I'm still your mom. And I love you just the same."

„Čak i kad si ljuta, ja sam i dalje tvoja mama. I volim te isto."

I took a big breath. "What about when I'm shy?" I whispered.

Duboko sam udahnula. „A kad sam stidljiva?", šapnula sam.

"I love you when you're shy too," she said. "Remember when you hid behind me and didn't want to talk to the new neighbor?"

„Volim te i kada si stidljiva", reče ona. „Sećaš se kako si se skrivala iza mene i nisi želela da razgovaraš sa novim komšijom?"

I nodded. I remembered it well.

Klimnula sam glavom. Dobro sam se sećala tog trenutka.

"And then you said hello and made a new friend. I was so proud of you."

„A onda si se pozdravila s njim i stekla novog prijatelja. Bila sam tako ponosna na tebe."

"Do you still love me when I ask too many questions?" I continued.

„Voliš li me i kada postavljam previše pitanja?", nastavila sam.

"When you ask a lot of questions, like now, I get to watch you learn new things that make you smarter and stronger every day," Mom answered. "And yes, I still love you."

„Kada postavljaš mnogo pitanja, kao sada, gledam te kako učiš nove stvari koje te svakog dana čine pametnijom i jačom", odgovorila je mama. „I da, i dalje te volim."

"What if I don't feel like talking at all?" I continued asking.
„Šta ako uopšte ne želim da razgovaram?", nastavila sam da zapitkujem.

"Come here," she said. I climbed into her lap and rested my head on her shoulder.
„Dođi ovamo", rekla je. Popela sam se u njeno krilo i naslonila glavu na njeno rame.

"When you don't feel like talking and just want to be quiet, you start using your imagination. I love seeing what you create," Mom answered.

„Kada ne želiš da razgovaraš i samo želiš da ćutiš, počinješ da koristiš svoju maštu. Volim da gledam šta stvaraš", odgovorila je mama.

Then she whispered in my ear, "I love you when you're quiet too."

Zatim mi je šapnula na uho: „Volim te i kad ćutiš."

"But do you still love me when I'm afraid?" I asked.
„Ali, voliš li me i kada sam uplašena?", pitala sam.

"Always," said Mom. "When you're scared, I help you check that there are no monsters under the bed or in the closet."
„Uvek", odgovorila je mama. „Kada se uplašiš, pomažem ti da proveriš da li ima čudovišta ispod kreveta ili u ormaru."

She kissed me on the forehead. "You are so brave, my sweetheart."
Poljubila me u čelo. „Tako si hrabra, dušo moja."

"And when you're tired," she added softly, "I cover you with your blanket, bring you your teddy bear, and sing you our special song."

„A kada si umorna", tiho je dodala, „pokrijem te ćebencetom, donesem ti plišanog medu i pevam ti našu posebnu pesmu."

"What if I have too much energy?" I asked, jumping to my feet.

„A šta ako imam previše energije?", pitala sam, skočivši na noge.

She laughed. "When you're full of energy, we go biking, skip rope, or run around outside together. I love doing all those things with you!"

Ona se nasmejala. „Kada si puna energije, zajedno vozimo bicikl, preskačemo konopac ili trčimo napolju. Volim da radim sve te stvari sa tobom!"

"But do you love me when I don't want to eat broccoli?" I stuck out my tongue.

„Ali voliš li me kad ne želim da jedem brokoli?", isplazila sam jezik.

Mom chuckled. "Like that time you slipped your broccoli to Max? He liked it a lot."

Mama se zakikotala. „Kao onda kada si svoj brokoli gurnula Maksu? Baš mu se svideo."

"You saw that?" I asked.
„Videla si to?" pitala sam.

"Of course I did. And I still love you, even then."
„Naravno da jesam. I dalje te volim, čak i tada."

I thought for a moment, then asked one last question:
Razmislila sam na trenutak, a zatim postavila poslednje pitanje:

"Mommy, if you love me when I'm gloomy or mad... do you still love me when I'm happy?"
„Mamice, ako me voliš kad sam neraspoložena ili ljuta... da li me voliš i kad sam srećna?"

"Oh, sweetheart," she said, hugging me again, "when you're happy, I'm happy too."
„Oh, dušo", rekla je grleći me ponovo, „kad si ti srećna, i ja sam srećna."

She kissed me on the forehead and added, "I love you when you're happy just as much as I love you when you're sad, or mad, or shy, or tired."
Poljubila me je u čelo i dodala: „Volim te kada si srećna isto koliko i kada si tužna, ljuta, stidljiva ili umorna."

I snuggled close and smiled. "So... you love me all the time?" I asked.

Privila sam se blizu i nasmešila se. „Pa... voliš li me uvek?", pitala sam.

"All the time," she said. "Every mood, every day, I love you always."

„Uvek", rekla je. „U svakom raspoloženju, svaki dan, uvek te volim."

As she spoke, I started feeling something warm in my heart.
Dok je govorila, osetila sam toplinu u svom srcu.

I looked outside and saw the clouds floating away.
The sky was turning blue, and the sun came out.
Pogledala sam napolje i videla kako se oblaci razilaze.
Nebo je postalo plavo i sunce je izašlo.

It looked like it was going to be a beautiful day after all.
Izgledalo je kao da će ipak biti predivan dan.